„Herzlich willkommen zum Tag der offenen Tür!", verkündete er laut. „Wir freuen uns, dass so viele von euch gekommen sind." Mr Steele zeigte auf einen langen Tisch neben sich. „Hier bei Feuerwehrmann Elvis Cridlington könnt ihr euch Tassen, Kissen und Kappen mit dem Feuerwehrabzeichen von Pontypandy kaufen. Und zu essen gibt es natürlich auch etwas: Gwendolyn hat ihre legendären Fischkroketten zubereitet."

Alle applaudierten, während Gwendolyn, Sarah und James mit Tabletts herumgingen und die Snacks anboten.

„Mmh, die sehen wirklich köstlich aus!",
freute sich Hauptfeuerwehrmann Steele.
„Hier, eine Fischkrokette für Sie, Sir. Aber
Vorsicht! Ich habe sie schön scharf
gewürzt", warnte Gwendolyn.
„Kein Problem, ich mag pikante Snacks", erwiderte Mr Steele und biss
genüsslich in die Krokette. Im nächsten Augenblick schnappte er nach Luft.
„Ui, wie das brennt! Ich brauche dringend etwas zu trinken", keuchte er.
Verzweifelt nahm er sich die riesige Schüssel mit Erdbeerbowle und kippte
ihren Inhalt – *gluck, gluck, gluck!* – in Sekundenschnelle hinunter.
Den anderen erging es nicht besser. „Gwendolyn, deine Fischkroketten
brennen ja wie Feuer", rief Elvis mit tränenden Augen, schnappte sich
einen Wasserschlauch und hielt ihn sich direkt in den Mund.

Plötzlich ertönten Sirenen, und ein cooles Polizeimotorrad stoppte vor der Feuerwache. „Wow!", staunte James.

Hauptfeuerwehrmann Steele ergriff das Wort: „Ich habe euch doch eine Überraschung versprochen – darf ich vorstellen? Das ist Polizeimeister Malcolm Williams. Er wird ab sofort unser Team unterstützen."

Von allen Seiten wurde Malcolm herzlich begrüßt. „Willkommen im Team!", sagte Feuerwehrmann Sam erfreut.

„Danke, Sam! Ich habe schon viel von euch gehört. Helen Flood ist nämlich meine Schwester", grinste Malcolm.

„Schön, dass du hier bist!", freute sich Helen und umarmte ihren Bruder.

„Ich bin gespannt auf meinen neuen Einsatzort", entgegnete Malcolm lächelnd und nahm sich eine Fischkrokette von Sarahs Tablett.

„Vorsicht, scharf!", warnten ihn alle im Chor.

Gwendolyn seufzte. „Ich glaube, ich mache besser noch mal ein paar neue Fischkroketten mit etwas weniger Chili. Helft ihr mir, Sarah und James?"

„Klar, Mum!", erklärten sich die Zwillinge sofort einverstanden und liefen mit ihrer Mutter zurück ins Kabeljau-Café.

„Wir müssen uns beeilen", sagte Gwendolyn. Hastig schüttete sie Öl in zwei Pfannen, stellte den Gasherd an und begann, den Teig auszurollen. Während die drei fleißig Formen ausstachen, bemerkten sie nicht, dass sich das Öl hinter ihrem Rücken entzündete und in Flammen aufging.

Als sich Gwendolyn schließlich zum Herd umdrehte, bekam sie einen Riesenschreck. Die Pfannen brannten lichterloh. „Schnell raus hier!", rief sie entsetzt und schob Sarah und James zur Tür, um sie vor den Flammen in Sicherheit zu bringen. „Ich rufe sofort die Feuerwehr."

Sekunden später nahm Hauptfeuerwehrmann Steele ihren Notruf in der Feuerwache entgegen und leitete ihn gleich an Feuerwehrmann Sam und sein Team weiter. „Feuer im Kabeljau-Café! Gwendolyn und die Zwillinge sind dort. Wir brauchen jetzt jede Hand", erklärte er.

Blitzschnell schwang sich Malcolm auf sein Motorrad. Sam, Penny und Ellie kletterten in die Fahrerkabine von Jupiter. Und schon brausten sie mit Vollgas los. *Tatütata!*

Vor dem Kabeljau-Café angekommen, stoppte Malcolm und sprang von
seinem Motorrad. Kurz hinter ihm kam Jupiter zum Stehen.

„Ich kümmere mich um Gwendolyn und die Kinder. Dann könnt ihr euch
aufs Löschen konzentrieren", schlug Malcolm vor.

Dankbar hob Sam den Daumen. „Penny, du stellst das Gas ab! Ellie, wir
gehen rein!", entschied er.

„Verstanden, Sam!", erwiderte Penny und rannte sofort los, um den
Gashahn zuzudrehen.

Inzwischen setzten Sam und Ellie ihre Atemschutzmasken auf und bahnten
sich einen Weg durch die verqualmte Küche. Im Nu hatte Sam die Flammen
mit dem Schaum aus dem Feuerlöscher erstickt. Geschafft! Und sie
konnten sogar noch ein paar Kroketten retten.

Erleichtert bedankte sich Gwendolyn bei
Malcolm und Sam. „Das war mein Fehler.
Ich war einfach zu sehr in Eile und habe
nicht aufgepasst", entschuldigte sie sich.
„Darf ich euch als Dankeschön eine feurig-
scharfe Fischkrokette anbieten?"
„Gern", erwiderte Sam. Doch kaum hatte
er hineingebissen, brach ihm der Schweiß aus. „Huuuh, die sind wirklich
brandgefährlich!", keuchte er, während dicke Schweißtropfen über sein
Gesicht rannen.

Grinsend reichte Malcolm ihm seine Wasserflasche. „Brauchst du was
zum Löschen?", fragte er.

Dankbar nahm Sam die Flasche und trank daraus. „Danke, Malcolm! Ich
finde, wir sind schon ein richtig gutes Team", stellte Sam lachend fest.

Meeresschildkröte in Not

An einem sonnigen Tag waren Feuerwehrmann Sam und Feuerwehrfrau Penny zu Besuch bei ihrem Kollegen Ben Hooper von der Wasserwacht. Gemeinsam blickten die drei hinaus aufs Meer.

„Deine Aktion ‚Saubere See' scheint ein voller Erfolg zu sein, Ben. Sieh mal, wie viele Leute mit ihren Booten unterwegs sind, um Plastik aus dem Wasser zu fischen", staunte Sam.

„Ja, so können wir vielleicht verhindern, dass die Meeresschildkröten, die hier vor Pontypandy leben, den Plastikmüll schlucken oder sich beim Schwimmen darin verfangen", sagte Ben.

Auch die Kinder von Pontypandy beteiligten sich gemeinsam mit ihren
Eltern an der Aktion.

„Ahoi, Mandy! Ahoi, Hannah und Norman!" Von Charlies Boot aus winkten
Sarah und James ihren Freunden zu. „Habt ihr schon Plastik gesammelt?",
fragten sie neugierig.

Mandy zog mit Schwung ihren Kescher
aus dem Wasser, in dem einige Plastikteile
hängen geblieben waren. „Ja, hier hab ich
was", verkündete sie stolz.

Unterdessen blickte Hannah konzentriert
durch Joes Fernglas. „Da vorn schwimmt
eine Meeresschildkröte", rief sie aufgeregt.

„Wo? Gib schon her!", forderte Norman Hannah auf und zerrte ungeduldig an dem Fernglas.

„Jetzt warte doch mal!", erwiderte Hannah genervt. „Du bist ja gleich dran."

„Wieso erst gleich?", maulte Norman. „Dann ist die Schildkröte vielleicht schon weg."

„Lass los!", schimpfte Hannah.

„Vorsicht, ihr zwei! Das ist ein ganz besonderes Fern...", wollte Joe die beiden Streithähne warnen. Aber da war es schon zu spät. *Platsch!*

Das Fernglas landete im Wasser und sank hinab in die Tiefe.

„Oh nein! Das war meine neueste Erfindung, der Fernglasomat 2000", stöhnte Joe.

„Ups, das tut mir leid!", entschuldigte sich Norman kleinlaut.

„Wir holen ihn dir zurück, Dad", tröstete Hannah ihren Vater. „Wofür hast du schließlich den Tauchmaster 2000 erfunden?"

„Gute Idee!", lobte Joe seine Tochter.

Schnell ruderte er zurück zum Hafen und stieg mit Hannah in das gelbe U-Boot um. Norman blieb solange an Land und überwachte den Tauchgang über den Laptop.

„Sobald es Probleme gibt, sagst du uns per Funk Bescheid, okay?", wies Joe ihn an.

„Alles klar", nickte Norman. „Viel Erfolg!"

Dann verschwand das U-Boot unter der Wasseroberfläche. Aufmerksam suchte Hannah die blaugrüne Tiefe ab.

„Da unten am Grund liegt er, dein Fernglasomat 2000", rief sie schließlich. Joe strahlte seine Tochter an. „Dann waren all die vielen Jahre Arbeit an diesem Gerät doch nicht umsonst", seufzte er erleichtert.

Hannah brachte den Tauchmaster in Position und fuhr den Greifarm aus, um das Fernglas zu packen: Vor, zurück, links, rechts – das war gar nicht so einfach!

Plötzlich rauschte es aus dem Funkgerät: „Hier spricht Norman. Eure Batterie ist fast leer. Der Greifarm verbraucht wohl zu viel Energie."

„Ich hab's gleich", sagte Hannah. Und siehe da: Im nächsten Moment baumelte das Fernglas am Greifarm.

Doch nun bewegte sich das U-Boot keinen Zentimeter mehr vom Meeresboden weg. „Wir müssen das Notfall-Auftriebssystem aktivieren", beschloss Joe und legte den Nothebel um. „Halte dich gut fest!" Und schon schoss der Tauchmaster senkrecht nach oben, durchbrach die Wasseroberfläche und trieb im Wasser. Puh, das war gerade noch mal gut gegangen! Hannah seufzte erleichtert. „Hoffentlich kommt bald jemand hier vorbei, um uns abzuschleppen", murmelte sie. Suchend schaute sie sich um: weit und breit nur Himmel und Meer. Doch was war das? Paddelte da nicht eine Meeresschildkröte? Aber warum kam sie nicht voran?

„Sieh mal, Dad! Was ist bloß mit der Schildkröte los?", fragte Hannah ihren Vater.

„Ich befürchte, ihre Flosse hat sich in einem Stück Plastik verfangen", erwiderte Joe.

„Darf ich ihr helfen? Bitte, Dad!", bettelte Hannah. „Du weißt, dass ich eine gute Schwimmerin bin. Ich schaff das."

Joe runzelte die Stirn. „Na gut, aber sei vorsichtig!"

Hannah ließ sich ins Wasser gleiten und schwamm mit kräftigen Zügen auf die Schildkröte zu. Beruhigend redete sie auf das Tier ein: „Keine Angst, meine Kleine! Gleich bist du frei."

Vorsichtig zog Hannah das Plastikstück von der Flosse und beobachtete, wie die Schildkröte nun fröhlich davonpaddelte.

„So, die Meeresschildkröte wäre gerettet! Jetzt müssen wir uns nur noch um unsere eigene Rettung kümmern", stellte Hannah fest, als sie wieder zurück bei Joe auf dem Boot war.

„Wir könnten eine Leuchtrakete zünden und hoffen, dass jemand das Signal sieht", überlegte Joe.

Hannah nickte eifrig. „Das machen wir."

Joe holte eine Leuchtrakete aus dem Notfallkoffer und kletterte damit auf das Dach des Tauchmasters. Mit einem lauten Zischen sauste die Rakete hoch in den blauen Himmel und versprühte dort ihre leuchtenden Funken.

„Dann schauen wir mal, ob unser Plan funktioniert und sie uns bald finden", sagte Joe und gab sich zuversichtlich.

In der Zwischenzeit hatte Norman
ebenfalls einen Notruf abgesetzt.
„Joe und Hannah sind mit ihrem
Tauchmaster 2000 in Seenot geraten
und brauchen dringend Hilfe", informierte
Feuerwehrmann Sam sein Team. „Wir müssen
eine gemeinsame Rettungsaktion starten."
Sofort brausten alle los, um nach Joe und Hannah
zu suchen: Tom Thomas von der Bergwacht im Helikopter, Ben auf
dem Jetski, Sam und Elvis in Neptun und Penny und Ellie in Titan.
„Ich glaube, ich hab sie gefunden", meldete Tom wenig später über Funk.
„Ein paar Grad südlich gab es gerade ein Leuchtsignal. Folgt einfach
meinem Kurs!"

Kurz darauf trafen die Retter von allen Seiten bei Joe und Hannah ein.

„Seid ihr okay?", erkundigte sich Sam.

„Ja, uns geht es gut", antwortete Hannah.

„Nur die Batterie des Tauchmasters ist leer", ergänzte Joe.

„Kein Problem!", grinste Sam. „Wir holen euch jetzt zu uns an Bord von Neptun, und Titan schleppt den Tauchmaster zurück nach Pontypandy."

„Ich habe sogar noch eine Meeresschildkröte von Plastik befreit", erzählte Hannah unterwegs stolz.

„Sehr gut, Hannah!", lobte Ben das Mädchen. „Damit ist meine Aktion ‚Saubere See' wirklich ein voller Erfolg."

Dinosaurier-Alarm

„Herzlich willkommen auf Dinosaurier-Eiland!" Umgeben von Papp-Dinosauriern begrüßte Professor Pickles die Kinder von Pontypandy, die zu einem Ausflug auf die Insel gekommen waren.

„Ich dachte, die Insel hier heißt Pontypandy-Eiland", wandte Norman ein.

Der Professor nickte. „Stimmt! So hieß sie tatsächlich einmal. Aber seitdem wir hier versteinerte Dinosaurierknochen ausgegraben haben, nennen wir sie Dinosaurier-Eiland. Und genau nach solchen Fossilien dürft ihr nun selbst graben", erklärte er. „Viel Spaß dabei!"

Neugierig schwärmten die fünf Freunde aus.

„Das wird cool!", freuten sich Sarah und Mandy, während sie sich gemeinsam mit Hannah auf Fossiliensuche machten.

„Komm, Derek! Wir gehen da lang. Vielleicht finden wir ja sogar einen lebenden Dinosaurier", meinte Norman.

„Red keinen Quatsch! Es gibt keine Dinosaurier mehr", widersprach Derek seinem Cousin.

„Doch, klar gibt es die!", entgegnete Norman bestimmt.

„Unsinn! Ich glaube, du willst mir nur Angst einjagen", vermutete Derek.

„Du wirst es ja sehen", sagte Norman und grinste.

Nicht weit von der Insel entfernt hatte sich zur selben Zeit das Team von
Feuerwehrmann Sam zu einer Übung auf dem Wasser eingefunden. Rund
um ihre Boote trieben orange leuchtende Zielscheiben im Meer.
„Es geht darum, die Flammenziele mit der Löschkanone abzuschießen.
Wer möchte anfangen?", fragte Sam.
„Ich", meldete sich Elvis.
„Nein, ich!", erwiderte Penny.
„Lasst uns Schere, Stein, Papier spielen",
entschied Ben.
Elvis und Penny ballten ihre Fäuste.
„Schnick, schnack, schnuck!"
„Stein besiegt Schere", jubelte Penny

und trat als Erste an die Löschkanone von Titan.

Ihre Fossiliensuche führte Norman und Derek derweil im Inneren der Insel immer weiter in den Wald hinein.

„Ich glaube, ich hab etwas gefunden, Norman", verkündete Derek plötzlich und hob einen Stein vom Boden auf.

Doch von Norman kam keine Reaktion.

„Norman?", wiederholte Derek verwundert und schaute sich suchend um. Sein Cousin war verschwunden. Aber was war das da hinten im Gebüsch? Dort bewegte sich doch etwas! Derek bekam einen Riesenschreck, als plötzlich der mächtige Kopf eines Dinos auftauchte. „Aaaahhh, ein Dinosaurier!", schrie er, sprang auf und rannte los. „Hiiilfe!"

Den Blick starr geradeaus gerichtet, stürmte Derek mit Riesensätzen an
Sarah und Mandy vorbei.

„He, was ist los, Derek?", riefen ihm die beiden nach.

„Ein Dinosaurier ist hinter mir her", keuchte Derek, ohne sich zu den
Mädchen umzudrehen.

„Ein Dinosaurier?" Kopfschüttelnd blickte Mandy hinüber zu Sarah.
„Das kann ja wohl nicht sein."

Da kam Norman hinzu. „Doch!", meinte er und schlug
sich vor Lachen auf die Schenkel. „Ich habe Derek mit
einer von Professor Pickles' Pappfiguren erschreckt."

„Du bist so gemein, Norman", schimpfte Sarah. „Du musst
Derek sagen, dass der Dino nicht echt war."

Aber Derek war nicht mehr zu sehen. Er rannte und rannte und rannte ... bis zum Strand. Als er sich kurz umdrehte, um nach dem Dinosaurier Ausschau zu halten, stolperte er. Dabei verfing sich sein linker Fuß in einer Schlaufe. Mit dem Seil hatte Professor Pickles das Modell eines Pterodactylus am Boden befestigt. Jetzt löste sich das Seil, und der Flugsaurier aus Pappe riss Derek mit sich hoch in die Luft hinauf. *Hui!*
„Was war das für ein Geräusch?", wunderte sich Professor Pickles, der sich zusammen mit Hannah ganz in der Nähe aufhielt.
„Ich befürchte, das war Derek, der an Ihrem Pterodactylus baumelt", seufzte Hannah und zeigte in den Himmel. „Wir sollten lieber schnell die Feuerwehr rufen."

Gesagt, getan! „Derek Price hängt an einem Flugsaurier-Drachen und schwebt steuerungslos über Pontypandy … äh, ich meine … Dinosaurier-Eiland", meldete sich Hauptfeuerwehrmann Steele eine Minute später über Funk bei seinen Leuten.

„Verstanden, Sir!", erwiderte Sam und übernahm das Kommando an Bord. Blitzschnell sausten die beiden Feuerwehrboote los und steuerten auf die Insel zu. Schon kurz darauf legte Neptun am Ufer der Insel an, und Sam und Penny eilten mit ihrer Bergrettungsausrüstung hoch zu den Klippen. Ben und Elvis hingegen blieben an Bord von Titan und hielten vom Wasser aus Ausschau nach Derek.

Ben entdeckte ihn zuerst. „Da oben ist er!", rief er und gab den genauen Standort an Sam weiter.

Zitternd vor Angst kauerte Derek auf
einem kleinen Felsvorsprung, der sich steil über dem Meer erhob. Während
seines rasanten Fluges mit dem Flugdinosaurier hatte er sich an einem
Felsen festhalten wollen. Nur missglückte der Versuch. Derek war über
die Klippe gerutscht und in die Tiefe gestürzt. Zum Glück war er auf dem
Felsvorsprung gelandet.

„Hab keine Angst, Derek! Wir sind gleich bei dir und helfen dir", versuchte
Sam, ihn zu beruhigen.

Schnell befestigte Penny das Rettungsseil an einem Baum auf Höhe der
Klippe und seilte sich an der Felswand mit Sam zu dem Jungen ab. „Da
sind wir. Jetzt kann dir nichts mehr passieren", sagte sie aufmunternd und
sicherte Derek an ihrem Gurt. „Bist du bereit?"

Derek nickte stumm.

Stück für Stück glitten die beiden an dem Seil nach unten.

Dort wartete bereits Titan, und Elvis nahm den Jungen behutsam in Empfang. Dann fuhren sie gemeinsam zum Strand, wo sie auf Sam, Professor Pickles und die Kinder trafen.

„Es tut mir leid, dass ich euch so viel Arbeit gemacht habe. Aber ich hatte solche Angst vor dem Dinosaurier", sagte Derek.

„Das war doch ich", lachte Norman.

Sam warf ihm einen strengen Blick zu. „Jemanden so zu erschrecken, kann sehr gefährlich sein, Norman. Für heute reicht es mit dem Dinosaurier-Alarm."

„Machen wir jetzt mit unserer Löschübung weiter?", hörten sie da Elvis von Titan rufen. „Ich war doch noch gar nicht dran."

„Ja, gern", lachte Penny. „Und ich weiß auch schon ein neues Ziel für dich. Sieh mal!"

Penny zeigte auf den Pterodactylus, der langsam zu Boden segelte. Wie rote Flammen zeichneten sich seine Flügel vor der Felswand ab.

„Alles klar", freute sich Elvis und bezog eifrig Position hinter der Löschkanone. „Wasser marsch!"

Eine kräftige Wasserfontäne schoss aus der Kanone. Sie traf allerdings nicht den Flugsaurier, sondern ... *platsch!* ... Norman.

„Ups!", machte Elvis. „Tut mir wirklich leid, Norman!"

„Da musst du wohl noch ein wenig üben, Elvis", meinte Sam schmunzelnd.

Hilfspolizist James im Einsatz

An diesem Vormittag war ausnahmsweise einmal alles ruhig in Pontypandy.
„Zeit für eine gemütliche Kaffeepause", dachte sich Polizeimeister Malcolm
Williams. Er stellte sein Motorrad ab und holte eine Thermoskanne hervor.
Da kam James auf ihn zugelaufen. „Hallo, Polizist Malcolm!", rief der Junge
schon von Weitem und winkte.

„Hallo, James!", erwiderte Malcolm.

„Hast du eigentlich schon einen Hilfspolizisten?", wollte James wissen.

„Bisher nicht", schmunzelte Malcolm.

„Darf ich dein Hilfspolizist sein?", fragte James. „Bitte, bitte! Ich hab auch
schon den passenden Helm."

„Von mir aus gern", willigte Malcolm ein und lachte.

Die Feuerwehr wollte den ruhigen Vormittag für eine Rettungsübung mit Tierärztin Lizze Sparkes nutzen.

„Liebe Kolleginnen und Kollegen, schön, dass ihr alle erschienen seid", begrüßte Feuerwehrmann Sam sein Team. „Lizzie wird uns heute zeigen, wie man einem Pferd ein Rettungsgeschirr anlegt."

Doch bevor Lizzie mit ihrer Vorführung beginnen konnte, wurde sie schon von Hauptfeuerwehrmann Steele unterbrochen. „Was für ein außergewöhnlich braves Pferd!", staunte er und tätschelte behutsam den Hals des Pferdes.

„Ähm, Sir!", stotterte Lizzie verdutzt. „Es ist ja auch nicht echt. Das ist ein Holzpferd zum Üben."

Hauptfeuerwehrmann Steele wurde rot und räusperte sich verlegen.
„Aber darf ich Ihnen vielleicht meine Stute Morgentraum vorstellen? Sie
steht in meinem Pferdetransporter gleich hier um die Ecke", fuhr Lizzie fort.
Neugierig folgten ihr Hauptfeuerwehrmann Steele und sein Team.
„Morgentraum! Wo ist sie denn?", rief Lizzie und riss entsetzt
die Augen auf. Der Transporter war leer!
„Also, das verstehe ich jetzt nicht. Ich habe ihr doch vor fünf
Minuten noch ein paar Karotten gebracht", murmelte Elvis.
„Hast du die Box danach womöglich aus Versehen offen
gelassen?", vermutete Sam.
„Ähm! … Das könnte schon möglich sein", gab Elvis
kleinlaut zu.
„Oh Elvis!", stöhnte Lizzie.

Nun war es schlagartig vorbei mit der Ruhe in Pontypandy. Während sich das Feuerwehrteam auf die Suche nach Morgentraum begab, meldete Mike Flood einen Diebstahl bei Polizeimeister Malcolm. „Jemand hat mein Mittagessen von dieser Bank gestohlen", beschwerte er sich. „Mein leckerer Radieschensalat ist einfach weg."

Gleich darauf kam von der anderen Seite Dilys Price herbeigelaufen. „Hilfe, Polizei! Jemand hat vor meinem Supermarkt die Obst- und Gemüsekisten verwüstet", jammerte sie.

„Kein Problem! Polizist Malcolm und Hilfspolizist James übernehmen", verkündete James. „Wir finden heraus, wer das war!"

Eifrig machte James sich an die Beweisaufnahme. Zuerst krabbelte er unter die Bank, auf der Mike gesessen hatte. „Ich glaube, ich habe eine Spur", rief er stolz und hielt zwei Radieschenscheiben hoch.

„Sehr gut, James!", lobte Malcolm den Jungen.

Dann machten sich die beiden auf den Weg zum Sparpreis-Supermarkt. Dort lag frisches Obst und Gemüse überall auf dem Gehweg verstreut.

Malcolm und sein Hilfspolizist untersuchten es gründlich.

„Hier ist ein Stück Wassermelone mit Hufeisenabdruck", erkannte James. Malcolm runzelte die Stirn. „Was hat das nur alles zu bedeuten?", rätselte er und blätterte durch seinen Notizblock.

Nachdenklich blickte James die Straße hinunter. Er hatte einen Verdacht ...
Tatsächlich – stand dort nicht ein Pferd und knabberte genüsslich
an einem Blumenkasten? James rannte sofort los.
Bei dem Pferd angekommen, griff er nach den Zügeln.
„Ertappt, du Essensräuber und Gemüseverwüster! Hiermit
verhafte ich dich im Namen des Gesetzes", erklärte er
mit strenger Stimme.
Aber Morgentraum dachte gar nicht daran, sich
festnehmen zu lassen. Die Stute machte einen großen
Satz nach vorn, galoppierte los und riss James mit sich.
„Stopp!", schrie der Junge entsetzt, während er sich
auf den Rücken des Pferdes zog.

Doch Morgentraum war nicht aufzuhalten. Mit fliegenden Hufen und laut wiehernd preschte die Stute durch die Stadt.

„Ich rufe zur Verstärkung Feuerwehrmann Sam", entschied Malcolm, der das Ganze von Weitem beobachtet hatte. Schnell holte er sein Handy heraus. „Hallo, Sam! Hier spricht Malcolm", sagte er. „James Jones sitzt auf einem durchgegangenen Pferd, das durch die Straßen galoppiert. Ich brauche Hilfe."

„Alles klar! Ich nehme Merkur. Bin sofort da!", erwiderte Feuerwehrmann Sam. In Windeseile startete er sein Quad und brauste los.

Nur wenig später war Sam zur Stelle. Gemeinsam mit Malcolm verfolgte er Morgentraum durch Pontypandy. „Bleib ruhig, James, und halte dich gut fest!", riefen sie dem verängstigten Jungen zu.

„Wir treiben das Pferd in den Park und lenken es Richtung Swimmingpool.
Das ist unsere einzige Chance", schlug Malcolm vor.
„Gute Idee", stimmte Sam ihm zu.
Und tatsächlich, es klappte! Als Morgentraum Malcolms Motorrad und
Sams Quad dicht hinter sich hörte, gab es für die Stute nur noch einen
Ausweg. Mit einem Riesensatz über den Zaun wollte sie vor ihnen flüchten.
Doch sie landete – *platsch!* – mit James im Sattel im Pool.
„Hilfe!", rief James verzweifelt.
Malcolm und Sam stoppten ihre
Fahrzeuge und sprangen hinterher.
„Sam, kannst du das Pferd halten? Dann
hole ich James herunter", bat Malcolm.
Sam nickte und tätschelte Morgentraum
beruhigend den Hals.

Während Malcolm den Jungen sicher an Land brachte, holte Sam Verstärkung. „Penny und Elvis, bitte fahrt mit Phönix zum Pool. Wir brauchen den starken Hebekran, um ein Pferd aus dem Wasser zu hieven", rief er seine beiden Kollegen zu Hilfe.

Als das Kranfahrzeug kurz darauf am Pool eintraf, nahm Sam das Rettungsgeschirr und machte es an dem Pferd fest. Dann ging es los.

Auch Lizzie war gekommen und verfolgte gespannt die Rettungsaktion. „Fein machst du das, mein Morgentraum", lobte sie ihre Stute, als die über dem Pool schwebte.

Behutsam ließ Elvis den Kran herunter. Glücklich schlang Lizzie die Arme um den Hals ihrer Stute. Dann checkte sie das Pferd durch.

Zum Glück war weder Morgentraum noch James etwas passiert!

In nächsten Moment kamen auch Mike und Dilys angelaufen.

„Was hat denn der ganze Wirbel hier zu bedeuten? Und wo ist jetzt mein Mittagessen?", wollte Mike wissen.

„Und was ist mit meinem Obst und Gemüse?", fügte Dilys hinzu. „Wisst ihr schon, wer der Dieb war?"

„Na klar! Ich habe den Fall längst gelöst", ergriff James das Wort. „Der Essensräuber und Gemüseverwüster steht vor euch: Es war Morgentraum!"

„James, du wirst mal ein guter Polizist", lachte Malcolm.

„Wenn ich groß bin, will ich am liebsten ein Feuer löschender, Verbrechen aufklärender, Kräne steuernder und Hubschrauber fliegender Mega-Polizei-Feuerwehr-Notfall-Retter werden", strahlte James.

„Ich bin mir sicher, das machst du genauso hervorragend wie deine Arbeit als Hilfspolizist", entgegnete Sam mit einem Lächeln.

Feuerwehrmann Sam und Jupiter

Mutig, einfallsreich, hilfsbereit – das ist Feuerwehrmann Sam. Er behält in gefährlichen Situationen einen kühlen Kopf und hat für jedes Problem eine Lösung. Sein ganzer Stolz ist Jupiter – das große rote Löschfahrzeug.

Hauptfeuerwehrmann Steele

„Und stillgestanden!", ruft Mr Steele, der Chef der Feuerwache, seine Leute zur Ordnung. Regeln und Grundsätze sind für ihn das Wichtigste. Und die versucht er, auch seinen Leuten beizubringen.

Elvis Cridlington

Elvis, Sams Lehrling und Gehilfe, bewundert Sam und ist mit Leib und Seele Feuerwehrmann.

Penny Morris ...

... war lange die einzige Feuerwehrfrau in Pontypandy. Sie rettet, löscht und packt genauso zu wie die Männer der Wache. Penny fährt das kleine Feuerwehrauto Venus, um das sie sich auch mit viel Liebe kümmert.

Helen Flood

Wenn es bei einem Unfall Verletzte gibt, ruft Feuerwehrmann Sam Helen Flood. Denn sie ist Pontypandys Krankenschwester und Sanitäterin. In Notfällen ist sie sofort zur Stelle und behält immer die Nerven. Aus der Ruhe bringt sie nur ihre Tochter Mandy, die viel Unfug im Kopf hat.

Tom Thomas

Wenn jemand in schwindelerregender Höhe in Not gerät, ist Tom mit seinem Helikopter sofort zur Stelle.

Joe und Lizzie Sparkes

Joe und Lizzie sind die Eltern von Hannah. Joe ist Automechaniker und hat eine eigene Werkstatt. Seine Frau Lizzie ist Tierärztin und leitet die Tierklinik von Pontypandy.

Arnold McKinley

Arnold McKinley kommt wie Ellie frisch von der Feuerwehrakademie nach Pontypandy. Er freut sich darauf, das Gelernte an der Seite von Feuerwehrmann Sam umsetzen zu können.

Ellie Phillips

Feuerwehrfrau Ellie Phillips hat genau wie Arnold ihre Ausbildung als eine der Klassenbesten beendet. Sie ist selbstbewusst und hoch motiviert.

Titan

Das Löschboot Titan hat zwei Wasserwerfer. Es pumpt das Löschwasser direkt aus dem Meer, daher braucht es keine Wassertanks.

Neptun

Ist jemand auf dem Wasser in Not geraten? Mit dem gelben Schlauchboot Neptun ist das Team schnell vor Ort.

Juno

Bei einem Einsatz auf dem Wasser ist Sam sofort mit dem Jetski Juno zur Stelle. Juno ist eines der Rettungsfahrzeuge in der neuen Wasserwacht.

Ben Hooper

Ben ist speziell für die Küstenwache ausgebildet und Experte für die Seenotrettung. Er arbeitet in der Wasserwacht und unterstützt Sam und dessen Team bei Einsätzen auf dem Wasser.

Dilys Price

Normans fürsorgliche Mutter ist Pontypandys Tratschtante Nummer eins. Sie betreibt den Supermarkt in Pontypandy. Norman mag es überhaupt nicht, wenn sie ihn „Mamis kleiner Liebling" nennt.

Norman „Frechdachs" Price

Norman wird es nie langweilig. Denn er hat stets verrückte Ideen. Oft bringt er sich dabei in Gefahr. Zum Glück ist Feuerwehrmann Sam immer rechtzeitig da, um das Schlimmste zu verhindern.

Charlie und Gwendolyn Jones

Das sind die Eltern von Sarah und James. Charlie ist Sams Bruder und von Beruf Fischer. Seine Frau Gwendolyn interessiert sich sehr für Magie und Zauberei. Zusammen betreiben die beiden das Kabeljau-Café.

Sarah und James

Die Zwillinge sind Feuerwehrmann Sams Nichte und Neffe. James findet es schön, wenn richtig was los ist, und möchte später auch einmal Feuerwehrmann werden – wie sein Onkel Sam. Seine Schwester Sarah dagegen mag es eher ruhiger.

Schnuffi

Der mutige Dalmatiner ist ein ausgebildeter Rettungshund. Mit seiner Spürnase hat er schon so manchen verunglückten Bewohner von Pontypandy gefunden und gerettet.

Trevor Evans

Pontypandys Busfahrer lässt für eine gute Tasse Tee schon mal alles stehen und liegen – leider manchmal auch seinen Bus. Dennoch kann niemand dem fröhlichen Trevor böse sein.

Mike Flood

Gibt es was zu reparieren? Dann ist Mike, Mandys Vater, der richtige Mann. Es gibt fast nichts, was Mike nicht wieder in Ordnung bringen kann. Bei seinen Basteleien ist er aber mit dem Kopf nicht immer bei der Sache. So gerät er oft in gefährliche Situationen, aus denen Sam ihn retten muss.

Mandy Flood ...

... ist stets gut gelaunt und hat unzählige Ideen, die viel Spaß bringen. Doch oft handelt sie, bevor sie darüber nachdenkt, und sorgt damit immer wieder für Aufregung.

Frau Chen ...

... ist Lehrerin und Mutter der kleinen Lily.

Hannah Sparkes

Hannah braucht einen Rollstuhl, da sie ihre Beine nicht bewegen kann. Mit ihrer fröhlichen Art ist sie bei jedem beliebt.

Derek Price ...

... ist Normans Cousin. Die beiden sehen sich zum Verwechseln ähnlich und halten mit ihren verrückten Ideen die Feuerwehr von Pontypandy in Trab.

Lily Chen

Lily ist die Tochter der Lehrerin Frau Chen. Sie ist sehr neugierig, was sie immer wieder in Schwierigkeiten bringt.

Phönix

Das Kranfahrzeug ist immer dann im Einsatz, wenn schwere Hindernisse aus dem Weg geräumt werden müssen. Auch große Tiere, die in Not geraten sind, können mit dem Kran auf die Ladefläche gehoben werden.

Gareth Griffiths

Gareth ist Gwendolyns Vater und der Großvater von Sarah und James. Er ist der Lokführer des Pontypandy-Expresses.

Tiger

Anders als der Name vermuten lässt, ist Tiger sanft wie ein Lamm. Die Katze ist Gwendolyn eines Tages zugelaufen, angelockt vom köstlichen Fisch im Kabeljau-Café.

Malcolm Williams

Der Polizist ist aus der Großstadt ins beschauliche Pontypandy gezogen. Doch auch hier hat der Bruder von Helen Flood alle Hände voll zu tun und unterstützt tatkräftig Sams Team.

Merkur

Leuchtend gelb und blitzschnell – das Quad ist eines der Fahrzeuge der Feuerwache von Pontypandy. Sam fährt damit vor allem zu Einsätzen im Gebirge.

Die neuesten Abenteuer

Bücher

ISBN 978-3-8332-3869-7

ISBN 978-3-8332-3922-9

ISBN 978-3-8332-3870-3

ISBN 978-3-8332-3871-0

ISBN 978-3-8332-3982-3

ISBN 978-3-8332-3731-7

Überall im Handel und auf www.paninishop.de!

Das offizielle Sam-Magazin

Immer mit coolem Extra!

+Special-Ausgaben

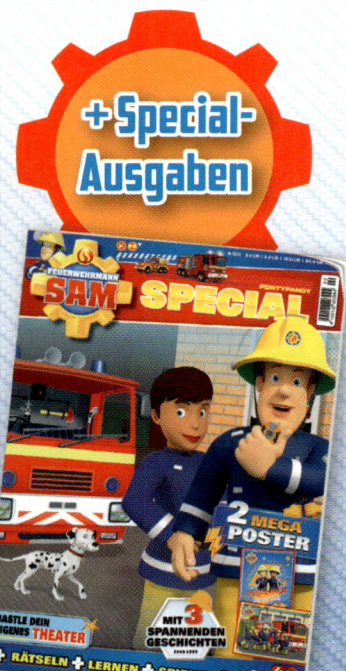

Überall im Zeitschriftenhandel!

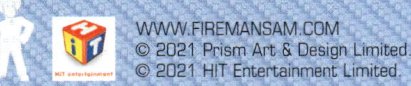